マザー・テレサ　愛と祈りのことば

マザー・テレサ
ホセ・ルイス・ゴンザレス-バラド 編
渡辺和子 訳

PHP文庫

○本表紙図柄＝ロゼッタ・ストーン（大英博物館蔵）
○本表紙デザイン＋紋章＝上田晃郷

文庫版によせて

マザー・テレサが八十七歳で神のみもとに召されてから、いつしか三年の年月が流れました。この度、『マザー・テレサ　愛と祈りのことば』が、文庫本として出版されることになりました。

訳した本をマザーにお手渡ししたかったのに、それが叶わず、一九九七年十一月、私はお墓詣りもかねて、用事のため、カルカッタへ行きました。本部の修道院に入り、一年前ご一緒に祈ったチャペルに足を踏み入れて、私は息をのみました。お亡くなりになったはずのマザーが、いつもの場所に、いつもの少し前かがみの姿勢で祈っていらしたからです。

それがマザーの像であることに気づくのに、さほど時間はかかりませんでした。シスターたちは、まるでマザーがまだ生きていらっしゃるかのように、活気に満ちて活動を続けていらしたのでした。

マザーのご遺体は、入口を入ったすぐのところに埋葬されていて、その場所には、白布のかかった大きな台が置かれ、台の上に、いくつかの花輪と、多分ご遺体の頭部に当たるところでしょうか、一枚の大理石の板が置かれてありました。その板には、マザーの生年月日と帰天の年月日、「神の愛の宣教者」という修道会の創立者である旨が書かれ、さらに、聖書の次の言葉が英語で彫ってありました。

「私があなたがたを愛したように、あなたがたも、相愛しなさい」

マザーの一生は、このキリストの言葉に要約されているといっていいでしょう。キリストが行った無償の愛を、二十世紀後半に、人々の間で実行した人でしたから。宗教、民族、年齢、性別、社会的地位等にいっさい関わりなく、必要とする人々に愛の手を差し伸べた人でした。

マザーが帰天された後に残っていたものは、着古したサリーとカーディガン、古びた手さげ袋と、すり切れたサンダルだけだったと言われています。目に見える遺品は誠に僅《わず》かで貧しいものでしたが、マザーは、計り知れないほどの、〝目に見えない〟遺品を残して世をお去りになっています。

二十世紀は、数々のすばらしい文明を産み出しました。しかし同時に、その同じ文明の所産は多くの悲劇を人々にもたらしたのでした。めざましい医療の発達は、その陰で、医療の恩恵に与《あずか》れない貧しい人々をも産み出していました。物の豊かさを追い求めて、人々はいつしか心貧しくなっていたのです。

その中で、小柄なマザー・テレサの姿が私たちに教えてくれたのは、人間性の中にある美しさ、希望といってもいいでしょう。人の心を満たすものは、愛であり、私たちはいつも、大いなる存在の前に謙虚に生きねばならないという真理を遺産として残して、天に旅立たれたのです。

文庫版の出版に当たり、ＰＨＰ研究所の瀬間芳恵様のお世話になりました。感謝しています。

二〇〇〇年八月

渡辺和子

マザー・テレサ（写真左）と訳者・シスター渡辺和子（写真右）
——1996年11月カルカッタにて——

訳者まえがき

マザー・テレサについての本、写真集は、今まで数多く日本で出版されている。この度翻訳したものは、マザーの「語録」ともいうべきもので、〝祈り〟〝苦しみ〟といったいくつかの項目に分けて編集されているのが特徴である。

八十六歳になるマザーの病状が重いと報道された二カ月後、私はカルカッタにマザーを訪ねる機会を得た。スラム街の只中にある修道会本部に約束の時間に行くと、奇跡的に回復されたマザーが車椅子でにこやかに出てこられ、なつかしげに手をしっかり握って、「日本でも皆が祈ってくれてありがとう。これからも祈り続けてほしい」と繰り返されたのであった。

一九八四年の来日の折、通訳を務め、修道院にお泊めした時とあまり変わらないお姿に、私は、往時のことを思い出していた。それはお話に感動した学生たちが、カルカッタにボランティアとして行きたいと申し出た時のことであった。マザーは、学生たちに感謝した後、こう言われたのである。「わざわざカルカッタまで来なくても、あなたがたの〝周辺のカルカッタ〟で働く人になってください」。

私たちの周囲にある〝カルカッタ〟、そこには物質的に飢え、病み疲れた人はいなくても、「愛」に飢え、仕事に病み疲れ、人間としての尊厳を失っている〝貧しい人々〟がいる。この本に繰り返し出てくる「貧しい人」の中には、この物心両面の貧しさが含まれているのだ。

なぜ政府に働きかけて社会変革を推進しないのかという問いかけに、マザーは静かに答える。

「私は福祉活動をしているのではありません。私にとって大切なのは、群衆としての人々ではなく、個々の魂なのです」

この言葉の底に流れているマザーの信念は、「貧しい人の一人ひとりは、キリストその人である」ということ、そして、そのような姿をとって私たちと共にいるキリストは、今日《こんにち》も、「わたしの最も小さな兄弟姉妹の一人にしてくれたことは、わたしにしてくれたことである」（マタイ25・40）と語りかけている、という信仰なのである。

マザー・テレサの本部のチャペルは、極めて質素な、椅子も置いてない細長い部屋で、私がミサに与《あずか》った日も三十一度の暑さであったため、窓は全部開けてあった。窓の外の凄《すさ》まじい騒音、絶え間ない車のホーンと路面電車の音、街行く人々の声に、祈りの言葉もほとんど聞きとれない状況であった。

その中で、みじろぎもせず、両掌を唇の前に合わせて祈るマザーの周囲には、騒音と無関係に存在する、神との深い一致の静かな空間が感じられた。

名誉、権力、金銭の欲に溺れ、互いに争っている世界の一隅に、このように無条件に人々の魂を愛し、そのミゼール（悲惨さ）を和らげるために献身している人が存在しているということは、現代社会にとって、一つの大きな救いなのではなかろうか。

＊

この本の翻訳に当たり、できるだけマザーのお気持ちが伝わるように努力したつもりですが、至らない点も多いと思います。その分は、それこそマザーの言葉を借りれば、「神さまが補ってくださる」ことでしょう。

翻訳出版について、ＰＨＰ研究所の中ヒトミ様に、一方ならないお心づかいをいただきました。厚くお礼を申しあげます。

一九九六年十二月

渡辺和子

マザー・テレサについて

マザー・テレサの思いを集めた一冊の本に、文学的な性格を求めるのは間違いというべきでしょう。それは、マザーが文学的なものを軽視しているからではなく、またはマザーに文学的才能がないからでもなく、彼女は、文学的作品を書こうなどとは、夢にも思っていない人だからなのです。マザーが、文学的なものを書こうとしないのは、そうすることによって、自分の信念とか思想に宿る自然の美しさと温かさがこわれてしまうと考えているからなのです。そのおかげで、私たち、山上の説教（マタイ5・1―12）の中に述べられている福音のメッセージの本質を知る者には、そのメッセージと、マザー・テレサが機《おり》にふれて語っていることとの近似性をはっきり見ることができます。なぜなら、山上の説教の中のメッセージを、マザーは、日々の生活の中で生きているからなのです。

マザー・テレサが、いつもイエスの最も小さな兄弟姉妹のために、でき得る限りのことをしたいという気持ちで働いていることは、周知の事実です。しかしながら、マザーが恵まれない人々に抱いている気持ちは、決して抽象的な理論から生まれたものではありません。彼女がしているすべてのことは、自身の言葉を借りて言うならば、「ただ、イエスのみ言葉に従っているだけのこと」なのです。

口数の少ないマザー・テレサは、必要な時にしか話しません。数少なく、かつ、巧《たく》まないマザーの言葉には、かくて力があるのです。

この本の中に書かれている挿話《アネクドート》や言葉は、マザーの仕事にたずさわっている人々――共働者、シスターたち、また、自ら率先してすべきことを実行しているマザーの言葉に、熱心に耳を傾ける開かれた心のグループ――に向けられたものです。

まだうら若いアグネス・ボワジュ（マザー・テレサの実名）が、自分が修道生活に召されていると感じた時、教会もまた、強い宣教熱に燃えたピオ十一世（一九二二〜一九三九）を教皇と戴いていた時代でもありました。アグネスは、生地である旧ユーゴスラビアのスコピエにあるイエズス会所属の聖心教区カトリック青年グループに自ら進んで加わっていました。そこで、宣教への召命を強く感じたのです。一九二八年、十八歳の時、アグネスはロレット聖母修道会に入会するためにアイルランドへ行き、かねてから望んでいた修道女になりました。この修道会は、貧富の別なく、子女の教育に当たることを目的とした修道会でした。アグネスは、アイルランドに三カ月留まります。

一九二九年に、アグネスはインドのカルカッタに派遣されます。到着した日は、奇《く》しくも、主イエスが自らを人々の前に現わされた公現の祝日、一月六日でした。一週間後、カルカッタからヒマラヤの近くのダージリンに派遣され、そこで修練を始めます。一九三七年には終生誓願を立てて〝テレサ〟という修道名を与えられます。ロレット修道会は、カルカッタでは全寮制の一つのカトリック女子校のみを経営していましたが、生徒の大部分はヨーロッパ系で、中流に属する家庭から来ていました。シスター・テレサはそこで働きながらも、修道院の塀の外には、みすぼらしい小屋に住んでいる人々がたくさん生活していることを知りました。

彼女は、修道院の頑丈な塀の中で、ひっそりと平穏な日々を過ごすこともできたのです。しかしシスター・テレサは、イエスの言葉を額面通りに受け取る数少ない人間の一人でした。彼女が読んだ聖書の一カ所は、彼女自身に語りかけているとしか思えなかったのです。それは、「あなた方によく言っておく。わたしの最も小さな兄弟姉妹の一人にしてくれたことは、わたしにしてくれたことである」(マタイ25・40)でした。

数年後、彼女は「召命中の召命」——神からの呼びかけを聞き、自分の生涯を捧げるべき仕事が何であるかを悟りました。一九四六年のある夜、ダージリンへ向う汽車の中で、シスター・テレサは祈りのうちに、〝すでに入った修道生活の中で、更に一つの特別な召し出しを受けている〟ことに気づき、「自分はロレット修道会を去って、貧しい人々の只中に住み、その人々の手助けに一生を捧げなければならない」と感じたのでした。

一九四八年八月十六日、シスター・テレサは、カルカッタの街外れにあるスラム街の厳しい現実の中にいました。「ロレットを棄てることは、最初、修道院に入るために家族のもとを去った時以上に、私にとっては辛いことでした。でも、決行しなければならなかったのです。それは、神からのお召しだったからです。行かなければならない場所は、わかっていました。ただ、どうしたらいいか、わかりませんでした」と、彼女は言っています。

ロレットを去ってから間もなく、マザー・テレサのかつての教え子たちが、彼女と行動を共にしたいと願い出てきました。そしてこの小さなグループを核とした新しい修道会が形成されます。マザー・テレサは、その修道会の名前を考えるのに時間はかからなかったと言っています。「神の愛の宣教者たち――つまり、貧民街で神の愛を伝えるメッセンジャーたち。私たちは、それ以外の何者でもなかったのです」。

最初にシスター・テレサの目に入ったもの、それは産み捨てられた孤児たちで、彼らを育てることから仕事は始まりました。こういう子どもたちを公園から連れてきて、衛生的に生きるための基本的習慣を教え、アルファベットを覚えさせました。「何をするかと決める計画などはありませんでした。苦しんでいる人々が私たちを必要としている、と感じた時、それに対処したにすぎません。神さまは、いつも、何をするべきかを教えてくださいました」とは、マザーの謙虚な言葉です。

この言葉が、神の愛の宣教者たちが今していること、ならびに、その創立者が全身全霊をこめて行っていることを解き明かす鍵になっています。マザー・テレサの目的は、はっきりしていました。貧しい人々のうちにイエスを見、その人たちを愛し、その人たちに仕えること。そして、そのための方法や手段はいつも、神のみ手に委《ゆだ》ねていたのです。

ある日のこと、マザー・テレサは、歩道で死にかけている女性を見つけました。彼女の苦しみを和らげ、ベッドで心静かに、人間らしく死なせてやりたいと思って、女性を連れて帰ったのですが、この愛の行為をきっかけとして、マザー・テレサは、一九五二年八月に「清い心の家」ニルマル・ヒリダイとも呼ばれる「死を待つ人の家」を開設することになりました。

マザー・テレサはその後、誰にもかまってもらえない子どもたちの世話をすることになりますが、その大部分は、間もなく死を迎えるためにニルマル・ヒリダイに入所した人たちの子どもでした。これらの子どもたちの惨めな状況を改善するために設けられたのが、シシュ・ババンで、このようなホームは、やがてインド国外においても、神の愛の宣教者たちが設立してゆく子どもたちのための一連のホームの最初のものとなりました。その後もシスターたちは、ハンセン病者、エイズ患者、未婚の母たちのホームを数多くつくっています。

マザー・テレサの仕事の成果として――彼女はいつも、それは神がなさったことだと主張していますが――彼女たちと同じように、貧しい人々への奉仕に尽力する他のグループが次々とできてきました。神の愛の宣教者たちの男子の修道会もその一つです。そして更に、貧しい人々の中でも最も貧しい人々への奉仕に身を捧げるこれら修道士や修道女たちの後に続こうとする、一般信徒の数が増えてきた時、マザーは、神に導きを祈った後、「マザー・テレサのヘルパーズ」と呼ばれる一つの運動を始めます（マザー自身は、「マザー・テレサと共に働くキリストのヘルパーズ」と名づけたかったようですが）。

このグループは、神の愛の宣教者たちを物質的に援助する人々ではありません。むしろ、このグループは、修道会に属することなく、自己を神に捧げるチャンスを人々に与え、目的は同じく、貧しい人々の中でも最も貧しい人々をキリストご自身の姿として助けてゆくことにあります。

マザー・テレサは一九七九年度のノーベル平和賞をはじめ、数多くの賞を受けました。例えば、多くの大学から、人類愛を顕著に示した人に贈られる博士号を受け、多くの賞金も添えて贈られました。マザーは、これらの賞や賞金を決して自分のものとすることなく、貧しい人々の名において受け、一銭残らず、彼らのために使い果たしています。

マザー・テレサ　愛と祈りのことば◎目次

◎本文中＊印の言葉は、巻末（一八七ページ）に注があります。

本文写真——小林正典

聖なる人となること（聖性）*Holiness*

聖なる人になるということは、
何か特別なことをして
得られることではありません。
イエスが私たちに送り給う一つひとつのことを、
ほほえみをもって受け入れることによって
得られるものなのです。
その一つひとつを、神のみ旨として受け入れ、
そのみ旨に添って生きる時に得られるのです。

聖なる人になるということは、少数者の特権ではありません。それはあなたと私、つまり皆にとって義務なのです。

聖人になるためには、真剣に、なりたいという望みがなくてはなりません。

アキノの聖トマスが言っています。聖人になるということは、「一つの決意に他ならない。神にすべてを委《ゆだ》ねる魂の英雄的行為以外の何ものでもない」。更にこうつけ加えています。「私たちは自然の傾向として神を愛し、神を目指して走り、そのおそばに近寄り、神を我がものとするのだ」

と。

私たちの聖人になりたいという気持ちが大切なのです。なぜなら、その気持ちが私たちを神に近い者にしてゆくからなのです。聖人になろうという決意を本当に大切にしてゆきましょう。

聖なる者になろうという道を選んだ人は、多くのものを捨てること、誘惑に遭うこと、自分と闘うこと、迫害に遭い、多くの犠牲を捧げることを覚悟しなければなりません。

私たちが、神の栄光のために働くなら、聖なる者とされるでしょう。

私たちは、人々と出合うために、自分から出かけて行かねばなりません。遠くに住む人にも、近くにいる人にも、物質的に悩む人々のところにも、精神的貧しさを味わっている人のところにも。

死は、悲しいことではありません。私たちが悲しむべき唯一のことは、自分が聖なる者になっていないという事実だけです。

時折り、嫌な思いを抱くことは、極めて自然なことです。嫌なことを、イエスの愛のために我慢することは、時に極めて英雄的なことと考えられてよいのです。

何人かの聖人の生活の秘訣は、この自分の自然的傾向というものに打ち克つことができたところにあります。

アッシジの聖フランシスコの場合もそうでした。ハンセン病のため、体がすっかり崩れてしまっている人に出合った時のこと、フランシスコは、本能的に避けようとしました。しかし、すぐに自分の嫌悪感に打ち克って、病者の崩れた顔に接吻したのです。そしてその結果は何だったのでしょう。大きな喜びに包まれました。自分がすっかり自由になったことを感じたのでした。

病者はといえば、神を賛《たた》えながら立ち去ってゆきました。

✧

聖人と呼ばれる人たちは、神が私たちにお与えになった掟《おきて》に従って歩んだ人々のことなのです。

祈り *Prayer*

祈りは　心を広くしてくれます。
神さまご自身を　賜物として
心の中にお入れできるほどに　広くしてくれます。

政治家たちは、謙虚にひざまずく時間をもっともっと、ふやさないといけません。そうしたら、きっと彼らはより良い政治家になると、私は信じています。

◇

生活の中にいろいろのことが入りこむので祈れない、という言い訳をする人たちがいます。

そんなことはあり得ません。

祈るために、仕事を中断する必要はないのです。仕事を祈りであるかのようにし続ければよいのです。

黙想をいつもしている必要もなければ、神と語っていることを意識することも必要ではありません——どれほどそれがすばらしい体験であるにせよ、大切なのは、神と共にあり、神と共に生き、神のみこころを自分のものとして行うことなのです。清い心で人々を愛し、すべての人、特に貧しい人々を愛することが、間断ない祈りになるのです。

祈りは信仰を生み、信仰は愛を生み、愛は貧しい人々のためへの奉仕を生みます。

アッシジの聖フランシスコは、私の大好きな次の祈りをつくりました。
神の愛の宣教者たちはこの祈りを毎日唱えます。

主よ、私をあなたの平和の道具にしてください。
憎しみのあるところに愛をもたらす人に、
争いあるところに許しを、
疑いあるところに信仰を、
絶望あるところに希望を、
闇あるところに光を、
悲しみあるところに喜びをもたらす人にしてください。
主よ、慰められるよりも慰めることを、
理解されることよりも理解することを、
愛されるよりも愛することを、

求めることができますように。
私たちは、人に与えることによって多くを受け、
許す時に許されるのですから。

祈るためにまず必要なのは、沈黙です。祈る人とは、沈黙の人といって
よいでしょう。

私の秘密を教えましょうか。私は祈ります。キリストに祈るということ
は、キリストを愛することと同じなのです。

使徒たちはどう祈ったらいいかわからなくて、イエスに、教えてくださいと願いました。そこでイエスは「天にましますわれらの父よ」という祈りをお教えになったのです。

私はこの祈りを私たちが唱える度に、神さまは、ご自分の掌をごらんになると思っています。そしてそこにはこう刻みつけられているのです。

「わたしはあなたをわたしの手のひらに刻みつけた」（イザヤ49・16）

何と美しい表現でしょう。そしてそこには神さまの私たち一人ひとりへのお優しい愛が、はっきりと表われています。

神さま、何卒私を、世界中に散らばっている兄弟姉妹、貧しく生き、誰にも看取《みと》られることなく死んでゆく人々に奉仕するにふさわしい者にしてください。私たちの手を使って、こういう人たちに、今日必要な糧《かて》をお与えください。そして、私たちの愛を使って、平和と幸福を彼らにもたらしてやってください。

◇

祈りは願いごとではありません。祈りとは自分自身を神のみ手の中に置き、そのなさるままにお任せし、私たちの心の深みに語りかけられる神のみ声を聴くことなのです。

⁂

神の愛の宣教者たちが毎日唱えるカーディナル・ニューマンの祈りがあります。

イエスさま、私がどこにいても、あなたのかおりをはなつことができますように、私を助けてください。

私の心をあなたの霊といのちであふれさせてください。私の存在に浸み通り私を捕えつくすことによって私の生活のすべてが、ひたすらあなたの光をかがやかすものとなりますように。

私をあなたの光をかがやかせるものとしてお使いください。私が出合うあらゆる人々が、私の中にあなたのみ姿を感じることができますように、私のうちでかがやいてください。

主よ、人々がもはや私ではなく、あなただけを見ますように。私の中におとどまりください。そうすれば私があなたの光でかがやき、私の光で他の人々もかがやくことができるのです。

主よ、光はすべてあなたからのもの、ごく僅《わず》かの光でさえ、私のものではありません。あなたが私を通して人人を照らしておられるのです。

私の周囲にいる人々を照らすあなたへの賛美を私の唇にのぼらせてください。言葉でよりも行動で、私の生き方、あなたから与えられる私のあなたへの愛が、目に見える光となって、あなたを人々にのべ伝えることができますように。

救われるためにどうしたらよいでしょうと尋ねる人があったら、私の答えは「神さまを愛することです。そして、何よりもまず祈ること」。

毎日、*聖体拝領をする時、私は*聖体の中にいますイエスに、二つの気持ちをお伝えします。

一つは、今日まで私を護《まも》ってくださったことへの感謝の気持ち。

もう一つはお願い。

「祈ることを教えてください」

◇

主禱文《しゅとうぶん》を祈り、その祈りをそのまま生きようとする時、私たちは聖性への道に導かれるのです。

主禱文の中には、すべてが入っています。——

神に対する道、自分に対する道、そして隣人に対する道。

◇

沈黙はたくさんのことを教えてくれます。
キリストと語らうことも、私たちの兄弟姉妹なる人々と喜びをもって話し合うことも。

寛大さ *Generosity*

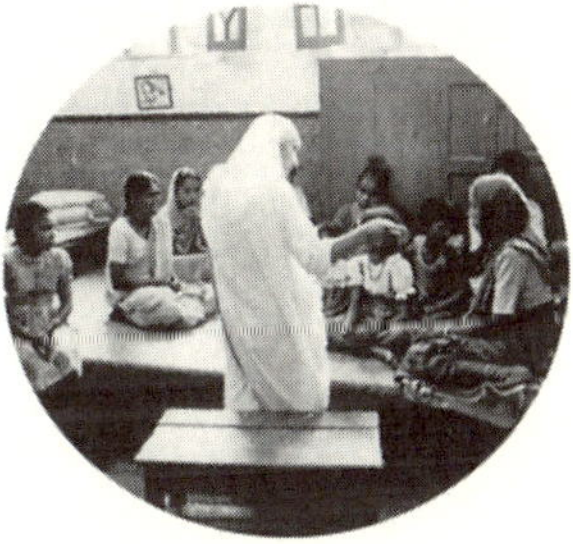

犠牲の精神なくして
祈りの生活なくして
苦業を喜んで受け入れる態度なくして
私たちの仕事は決してできません。

私たちが食事をするのは、私たちの五感を満足させるためではなく、主のために主と共に働きたいこと、犠牲とつぐないの生活を送りたいという私たちの主に対する気持ちの表われに他なりません。

⚜

聖ヴィンセント・ド・ポールの言葉だったと思います。彼は自分の修道会に入会を志願した人たちに言いました。「子らよ、貧しい人々こそは、私たちの師だということを決して忘れてはいけません。だからこそ、私たちは彼らを愛し、深い尊敬をもって仕え、その求めることをすべて行うのです」。

ところが、実際には私たちは貧しい人々をゴミ袋のように扱って、その中に自分に不要のものを投げ捨てているのではないでしょうか。袋の中に、自分が食べたくない、または腐りかけの食物を。消費期限が過ぎ、体に悪い影響を与えそうな生ものがゴミ袋に——つまり貧しい人々に投げ与えられるのです。流行遅れとなったもの、二度と着たくない衣服が貧しい人々のもとに行くのです。

これは貧しい人々が持っている尊厳に敬意を払っている行為ではありません。聖ヴィンセント・ド・ポールが弟子たちに教えたように、貧しい人々を私たちの主人と見てする行為ではなく、彼らを見下げた行為としか言いようがありません。

ある夜のこと、一人の男性が訪ねてきて、「八人の子持ちのヒンズー教徒の家族が、このところ何も食べていません。食べるものがないのです」と告げてくれました。

そこで私は、一食に十分なお米を持ってその家に行きました。そこには、目だけが飛び出している子どもたちの飢えた顔があり、その顔がすべてを物語っていました。

母親は私からお米を受け取ると、それを半分に分けて、家から出て行きました。しばらくして戻ってきたので、「どこへ行っていたのですか、何をしてきたのですか」と尋ねました。

「彼らもお腹を空かしているのです」という答えが返ってきました。「彼ら」というのは、隣りに住んでいるイスラム教徒の家族のことで、そこにも同じく八人の子どもがおり、やはり食べるものがなかったのでした。

この母親はそのことを知っていて、僅《わず》かの米の一部を他人と分け合う愛と勇気を発揮したのでした。自分の家族が置かれている状況にもかかわらず、私が持って行った僅かの米を隣人と分け合うことの喜びを感じていたのです。

その喜びをこわしたくなかったので、私はその夜、それ以上の米を持って行くことはせず、その翌日、もう少し届けておきました。

◇

数年前のことですが、カルカッタに砂糖不足が起きたことがあります。ある日のこと、四歳位の男の子が両親と一緒に私のところへ来ました。砂糖を入れた小さな容器をたずさえて。

その入れ物を私に渡しながら男の子が言いました。「僕は、三日間お砂糖を食べるのをがまんしたんだ。だから、これがそのお砂糖。マザーのところにいる子どもたちにあげてね」。

この小さな男の子は深い愛を持っていたのです。そしてその愛を、このような自分の我慢で表わしました。その子は本当に三歳か四歳の子だったのです。私の名前もまともに言えないような幼い子でした。私を知っていたわけでもなく、私もそれまでに会ったことのない子でした。でもこの子は、大人から私のことを聞いた時に、自分のお砂糖を我慢する決心をしたのでした。

「キリスト信者ってどういう人たち？」

誰かがヒンズー教徒に尋ねました。「キリスト教の人たちは、もらうことより与えることを考える人たちだよ」というのが答えだったそうです。

私がお願いすること。飽くことなく与え続けてください。しかし残り物を与えないでください。痛みを感じるまでに、自分が傷つくほどに与えつくしてください。

注がれる神の愛に心を開いてください。神はあなた方を優しく愛していてくださいます。そして神からいただいたものは、錠をかけてしまい込んでおくものではなく、人々と分かち合うためのものなのです。

貯めれば貯めるほど、与える機会を失ってしまいます。持ち物が少ないほど、人々と分かち合うことも易《やさ》しくなります。

何かをくださいと神にお願いする時、同時に寛大な心にしてくださいというお願いもしましょう。

⁂

インドでは、貧しい人々は僅《わず》かのお米を他人から受けることで満足し、幸せになれるのです。一方、ヨーロッパの貧しい人々は、自分の貧しさを受け入れることができずにいるので、その多くにとって、貧しさは、失望の源でしかないのです。

ドアベルが鳴りました（夜の十時頃だったでしょうか）。私がドアを開けると、一人の男の人が寒さに震えて立っていました。

「マザー・テレサ、あなたが大きな賞をおいただきになったと聞いた時、私も僅かですが何か差し上げたいと思い立ちました。これが今日私がもらったすべてです。何卒、お受け取りください」

それは、たしかに僅かでした。でも、彼の持ちものすべてだったのです。

それは、私にとってノーベル賞以上の感動を与えてくれました。

❖

ある日のこと、若い男女が修道院を訪れて面会を求め、私にたくさんのお金をくれました。

「どこから、こんなに多額のお金を手に入れたのですか」と私は尋ねました。

「二日前に結婚したばかりです。結婚する前から、私たちは結婚式を大がかりにしないこと、披露宴や新婚旅行をしないと決めていたのです。そのために使わないで済んだお金を、マザーのお仕事のために使っていただきたいのです」

このように決心することが、特にヒンズー教の家庭でどんなにむずかしいかを私は知っていました。

ですから私は敢えて尋ねました。「でもどうして、そんな風に考えついたのですか」。

「私たちはお互い同士、深く愛し合っています。だから、私たちの愛の喜びを、マザーのもとにいる人々と分かち合いたかったのです」

分かち合う——何と美しいことでしょう。

⁂

与えることを学ばねばなりません。

でも、与えることを義務と考えるのではなく、与えたいという願いとすることが大切です。

一緒に働いている人たちにいつも言っていること。「余った物、残り物は要りません。私たちが仕えている貧しい人たちは、あなた方からの憐れみも、見下すような態度も必要としていないのです。彼らが必要としているのは、あなた方の愛と親切なのです」。

自分のことへの思い煩《わずら》いでいっぱいだと、他人のことを考える暇がなくなってしまいます。

◇

少し以前のこと、私は、聖体拝領*を済ませたばかりの一人のイタリア人の子どもから、美しい手紙と、まとまった額の寄付をもらいました。その手紙によると、彼は両親に自分の初聖体のために特別の服を作ったりお祝いのパーティをしないでほしいと頼んだのだそうです。また、親類の人や友達にも、プレゼントを贈らないように頼みました。このようにすべてを断わって、代わりに、マザー・テレサに贈るお金をくれるように頼んだのです。

何と寛大な心の美しい表現方法でしょう。この子どもは、自分が何かを我慢して、それを痛みの伴った贈り物にすることができたのでした。

貧しい人々の中にいるキリスト *Christ in the poor*

貧しい人々は偉大です！
貧しい人々はすばらしい人々です！
貧しい人々は非常に寛大な心を持っています！
彼らは、私たちが与える以上のものを、
私たちに与えてくれるのです。

今や、貧しい人々について語ることが一つの流行になっています。しかし、残念なことに、貧しい人々と共に話すことを人はあまり好みません。

貧しい人々の惨めさ、物質的な貧しさばかりでなく、その精神的な傷口にも私たちは手当てをしてあげねばならないのです。私たちが彼らと一つに結ばれてその悲しみを分かち合う時にのみ、彼らの生活に神をもたらし、また彼らも神に近づいて癒されるのです。

私たちが兄弟姉妹の飢えを満たす一つの道は、私たちが持っているもの――それが何であれ――を彼らと分かち合うこと、しかも彼らが感じているような痛みを私たちも感じるまでに分かち合うことなのです。

◇

私たちは忙しすぎます。だからお互いを見つめ合う時間も、互いにほほえみ合う時間も持ち合わせていないのではないでしょうか。

◇

イエスが私たちにしてくださったと同様に、私たちは、貧しい人々と分かち合っているでしょうか。

貧しい人々の中でも最も貧しい人々は、私たちにとってキリストご自身、人間の苦しみを負ったキリストに他なりません。

神の愛の宣教者たちは、貧しい人々に助けの手を差し伸べるたびに、実は、キリストご自身に同じことをしているのだという固い信念を持っています。

私たちの食物、衣服、何もかも貧しい人々と同じようでなくてはなりません。なぜなら、貧しい人々はキリストご自身なのですから。

文明が発達し、裕福な西側諸国における教会の任務は、カルカッタでのそれよりもむずかしいと思います。南イエメン（現・イエメン共和国）や他の地域の人々には寒さを防いでくれる衣服や、飢えを和らげてくれるご飯があればいいのです。とにかく、誰かが彼らを愛していることがわかればそれでいいのです。ところが西欧社会ではそういうものでは済みません。そこに住む人々が抱えている問題は、より深刻で、それは、彼らが心の深みに抱えている問題なのです。

「もし宣教師たち全員を国外に追放しなければならない事態に陥るようなことがあっても」、エチオピアの首相は私に言いました。「マザーの修道会のシスターたちには国内に留まってもらいます。なぜなら、あなた方は本当に、貧しい人々を愛し、その世話をしていると、皆も言い、私自身もその事実を知っていますから」。

＊

貧しい人が飢えで死んだ場合、それを神さまのせいにしてはなりません。あなたや私がその人が必要としていたものを与えようとしなかったからなのです。つまり、私たちが神さまの愛を伝えるみ手の道具になろうとせず、パンの一切れを与えることなく、寒さから守ってやる衣服を与えようとしなかった結果なのです。キリストが、寒さに凍え、飢えで死にかけた人の姿をとって再びこの世に来給うたこと、淋しさに打ちひしがれた人の姿、温かい家庭を求めてさまよう子どもの姿をとって来給うたことに気づかなかった結果なのです。

この地上で神と共にある幸せを享受するためには、次のようなことが必要となります。神が愛されるように人を愛すること。神がなさるように人の手助けをすること。神が与えるように人に与えること。神が手を伸べてくださるように人に手を差し伸べること。二十四時間、つまり一日中神のみ前に生きること。そして貧しい人々、苦しんでいる人々の中におられる神に触れていること。

◇　　◇

神の似姿として創られ、生きるため、愛するために生を享《う》けた胎児を殺すことを許可している国は、非常に貧しい国と言わねばなりません。――もう一人余分な子どもは十分に教育できない、食べさせる余裕がないからという人々の自分勝手さにもかかわらず。胎児の生命は、抹殺されるためでなく、生きるために存在するのです。

病人や貧しい人のお世話をする時、私たちはキリストの苦しんでいる体のお世話をしているのです。

貧しい人たちは私たちを求めています。その人たちを愛するためには、その人たちの存在に気づかねばなりません。この事実についてもう一度考えてみましょう。私たちの家庭の中に、貧しい人々がいることに気づいていますか?

人々は時に、食べ物以外のもので飢えていることがあるものです。私たちの子どもたち、夫、妻は食物、衣服、住む所に飢えてはいないでしょう。でも、彼らが一人っきりで淋しく、見捨てられ、無視されている結果、愛情に飢えていないとは断言できないのです。こういう貧しさも存在しているのです。

キリストは富んでいたのに、貧しい者となられました（コリントⅡ8・9）。富んでいたにもかかわらず、貧しくなり、貧しく生き給うたキリストに倣《なら》いたいのなら、私たちもまた、同じように生きねばなりません。

貧しくなりたいと願って、貧しい人と同じような生活をしながら、同時に高価な物を捨て切れないでいる人々がいます。これは、ぜいたくとしか言いようがありません。二つの世界の一番良いところを両方とも味わおうとしているのですから。

神の愛の宣教者の会員にこのようなぜいたくは許されません。これは会の精神と矛盾した生活です。

キリストは宮殿に住むこともおできになりました。しかしながら、私たちと同じ生活をなさりたかったので、罪を犯す以外は、私たちと同じにおなりになったのです（ヘブライ4・15）。

私たちも貧しい人のようになるために、彼らが陥っている惨めな状態を除いては、すべてにおいて彼らと同じように生きたいと願っています。

もしも月の世界に貧しい人々がいるとしたら、私たちは、そこへも行きます。

世界中のどこに住んでいようとも、人間の欲望、すなわち求めるものは同じか、または極めて似たものです。

何と言おうとも、とにかく一般的に言って、西欧世界における欲求は、精神的なものです。物質的欲求は概して満たされているのですが、そこにはむしろ、途方もなくひどい精神的な貧困が存在しているのです。

⁂

私たちは貧しい人々に仕えようとしています。でも果たして、彼らと貧しさを分かち合うことができ、または分かち合おうとしているでしょうか。奉仕している貧しい人々と自己を同一視しているでしょうか。本当の連帯感を持っているでしょうか。イエスが私たちと分かち合ってくださっているように、彼らと分かち合っているでしょうか。

世界中のどこであれ、貧しい人々は、苦しんでいるキリストご自身なのです。貧しい人々の中で神の子は生き、かつ死んでおられます。彼らを通して、神は、ご自分のみ顔を示していらっしゃるのです。

貧しい人々のお世話をしている年月の間に、私は、彼らこそは人間の尊厳をよりよく理解している人たちだと思い知らされました。もしも彼らが問題を持っているとすれば、それは、お金がないという問題ではなくて、彼らが人間らしく扱われるべき権利と、彼らの持っている優しさが認められていないという事実なのです。

◇

イエスは私たちに会いにいらっしゃいます。イエスを歓迎するために、私たちの方から進んでお出迎えに行きましょう。

イエスは私たちのもとに飢えた人の姿、裸の姿、淋しい人の姿、アルコール依存者、麻薬中毒者、売春婦、路上の物乞いの姿でおいでになります。

誰からもかまわれない淋しい父親、母親、男の人、女の人の姿でいらっしゃることがあるかも知れません。

もしも私たちが、その人たちを見殺しにするなら、手を差し伸べないなら、それはイエスその方を見殺しにしたことになるのです。

大切なことは、たくさんのことをし遂《と》げることでも、何もかもをすることでもありません。大切なことは、いつでも何に対しても喜んでする気持ちがあるかどうかなのです。貧しい人々に奉仕している時、私たちは神に仕えているのだと確信していることなのです。

貧困を創り出したのは神ではありません。私たちこそ、その張本人なのです。

神の前に、私たちは皆、貧しい者なのです。

貧しい人々のことをとやかく言う前に、一人ひとり、自分の良心を誠実に見つめ直す必要があります。

富める国で中絶を合法化するところがあれば、その国は間違いなく、世界中で最も貧困な国です。

私たちが貧しい人々の中の最も貧しい人々、病気の人々、死にかけている人々、ハンセン病の人々、エイズ患者を見舞い、彼らに衣服を着せてあげたり、食物を与えたり、慰《なぐさ》めの言葉をかける時、それは、イエスに同じことをしているのです。

私たちはイエスにしているかのように貧しい人々に仕えてはいけません。彼らはイエスその方だから仕えるのです。

愛 *Love*

持ち物が少なければ少ないほど、
多く与えることができます。
矛盾としか思えないでしょう。
でもこれが愛の論理なのですよ。

上層階級に属する若い女性が、貧しい人々のために働く決心をする時、それは正真正銘の一つの革命です。最大級のしかも極めてむずかしい困難を伴う革命であり、愛の革命なのです。

◇

イエスが神の言葉を説明するに先立ち、また*真福八端について述べられるに先立ち、集まった群衆をまず哀れに思われた（マタイ5）ということは極めて注目すべきことです。

彼らに食物を与え、満ち足りた後に初めてイエスは彼らに教えを述べ始められたのでした。

真の愛は痛みを生む原因となります。

イエスは、ご自分の愛の証《あかし》として十字架上で死なれました。

母親も、一人の子どもを産むためには、苦しまなければなりません。

もしあなた方が本当に互いに愛し合っているなら、犠牲を厭《いと》うことはできないはずです。

貧しい人々は、私たちのお情けを必要としていません。彼らが求めているのは、私たちの愛と優しさなのです。

私にとってイエスは、私を生かす生命、私を通してかがやく光、御父への道、私が人々に示したい愛、人々と分かち合いたい喜び、私の周囲に蒔《ま》きたい平和なのです。

イエスは、私のすべてです。

✧

もしも、信仰が希少価値になっているとすれば、世の中が自己中心的、利己的になりすぎているからなのです。正真正銘の信仰は惜しみない寛大さを伴うはずです。愛と寛容はいつも共に存在します。

✧

今日《こんにち》、世界中の国々は自分たちの国境警備に努力を払い、工夫をこらしています。しかしながら、同じ国々は、そのようにして守っている自国の内部で、人々がどれほど貧困と苦しみのために淋しい思いをしているかについてはほとんど知っていません。

彼らの努力を、これら無防備の人々へのいくばくかの食物、避難所、医薬、衣類に振り替えたなら、世界は必ずやより平和で、より幸せなものになることでしょう。

私はシスターたちにこう言っています。私たちが貧者の姿をしたキリストに愛をこめて仕えるのは、社会福祉にたずさわる人々の働きとは違うのだということ。それはこの世の真只中で生きる観想修道者として働くのだということ。

ある人がかつて私に、百万ドルもらっても、ハンセン病者にはさわりたくないと言いました。私も答えたものです。「私も同じです。お金のためだったら、二百万ドルやると言われても、今の仕事はしません。しかし神への愛のためなら喜んでします」と。

数に興味はありません。大切なのは人間です。私は誰にも頼ろうと思いません。私が頼りとしているのは、唯一人、イエスだけです。

✧

何度でも飽くことなく繰り返して言います。貧しい人々が最も求めているのは、憐れみでなく愛なのです。彼らは自分たちの人間としての尊厳に敬意を払ってほしいのです。そして彼らが有している尊厳は、他の人間のそれと全く同じ質と量の尊厳なのです。

私たちが死ぬ時に天国に入るための資格としてキリストは一つの条件をお示しになりました。その条件とは、あなたも私も、すべての人が（それはクリスチャンであるなしに関係していません。人はみな神の愛によって神の似姿として創られているのですから）神のみ前に立った時、私たちは生きている間に、貧しい人々に対して、どのように振舞ったかということです（マタイ25・40）。

私たちのために十字架上で死に給うたキリストの姿から、私たちは、苦しみというものは大きな愛と、考えられないほどの寛大さに変容し得るということを、確信できるようになりました。

❖

貧しい人々を愛することと、その人々に奉仕するということは、私たちの残り物、または私たちの嫌いな物を彼らに与えることとは違います。流行遅れになった、または飽きてしまったが故に、自分では着なくなった衣服を与えることでもないのです。

そんなことで、貧しい人々の貧しさを分かち合っていると言えるでしょうか。とんでもないことです。

パンがなくて死ぬ人が数え切れないほどいます。

そして同時に、数え切れないほど多くの人々が、ちょっとでいいからその存在を認めて欲しいと願いながら、僅《わず》かばかりの愛すら与えられないが故に、生きる勇気を失っているのです。

イエスは、そういう人々の姿で、弱ってゆき、死んでいらっしゃいます。

✧　✧

再び、というのは昨日も今日も、イエスはこの地上に住むご自分の民のもとを訪れては、前回と同じようにその人々からの拒絶に遭われています。貧しい人のボロボロになった姿でいらしています。富んでいながら、己れの富の空《むな》しさの中で溺れかかっている人々の姿でもいらしています。誰からも愛されることなく、淋しい思いをしている人々の姿をとって訪れていらっしゃるのです。

私たちの言葉などはどうでもいいのです。大切なのは、私たちを通して神が魂に語りかけられることだけなのです。

善い行いは、一つひとつつながって愛の鎖をつくってゆきます。

⚜

病気にはそれぞれ特効薬があります。ところが、愛されないが故の淋しさだけは、薬では癒されません。

私たちがしている仕事を評価してくださっている方々にお願いしたいのは、どうぞ自分の周囲を見まわして、愛に飢えている人々に喜んで愛を与え、その人たちに奉仕してくださいということです。

私たちは、修道会の名前からいっても、愛のメッセンジャーなのではありませんか？

愛は、それぞれの季節が実らせる果実といえます。

◇　◇

私たちは、愛し、愛されるために神に創られました。

一人の若者が死にかけていましたが、何とかして生き長らえようと三、四日必死の努力をしていました。「どうして、そんなに生きたいの」と、シスターが尋ねました。

「父親に赦《ゆる》してもらえるまで、死ねないのです」がその答えでした。

父親が彼のもとに到着した時、青年は父親に抱きついて赦しを願いました。

二時間後、青年は平安のうちに死んでいったのです。

◈

自分が犠牲《いけにえ》になり、自分が傷つくまで人を愛することを恐れてはなりません。イエスさまの私たちへの愛は、彼を死まで追いやったではありませんか。

◈

神にとって重要なのは私たちの愛なのです。私たちの一人としてこの世になくてはならない者ではありません。神はご自分でしようと思し召せば何でもおできになるし、最も有能な人間の業でさえ無価値なものとすることがおできになるのです。

倒れるまで一生懸命働くことも、力以上に働くことも、してできないことはありません。でも、そんなに働いても、それが愛に基づいてなされていないなら、神の目には無益なことでしかないのです。

◇

一九六九年に中国を訪れた時のこと、一人の共産党幹部が私に尋ねました。「マザー・テレサ、あなたにとって共産党員とは何ですか」。

「神の子、私の兄弟姉妹に他なりません」と私は答えました。

「えっ、そうですか。そんなに私たちを大切に思ってくださるのですか。でも、どうしてそうお思いになるのですか」と彼は叫んで言いました。

「そういう思いを、私は神ご自身からいただいたのです。神は仰《おお》せになりました。

『あなたがたによく言っておく。わたしの家族の中の最も小さい者の一人にしてくれたことは、わたしにしてくれたのである』と」（マタイ25・40）

ニューヨークに私たちの最初の修道院を開いた時、テレンス・クック枢機卿はシスターたちの生活費のことを大そう心配されて、そのために、月々お手当をくださろうとなさいました（枢機卿は私たちをとても愛していてくださったのです）。

私は枢機卿のお気持ちを傷つけたくはなかったのですが、同時に、私たちシスターは、神の摂理——今まで一度も狂ったことのない——に信頼して生きていることを伝えねばなりませんでした。

枢機卿にこのことを話し終えた時、何とかして私たちの気持ちをわかっていただくために、冗談のようにこう申しあげました。「枢機卿さま、神さまはご自分の破産宣告を、このニューヨークにおいてなさらないといけないとお思いですか」。

◇

物質的な必要については、私たちは全面的に神の摂理に信頼しています。

◇

神が私に望んでいらっしゃるのは、事業を成功させることではなく、忠実に生きることなのです。

神と相対して生きている時、大切なのは結果ではなく、忠実さなのです。

ハンセン病者、死にかけている人、飢えている人、エイズに罹《かか》っている人々は、すべて皆、イエスその人なのです。

私たちの修練女の一人は、この事実をよく理解していました。大学を卒業して私たちの修道会に入会した翌日、彼女は一人のシスターと、カリガートにある「死を待つ人の家」に手伝いのため赴《おもむ》くことになっていました。

彼女らが旅立つに先立って私は申しました。「あなた方は、これからどこへ行かねばならないかわかっていますね。ごミサの間、司祭がキリストの御体《おからだ》（聖体）*にどれほどの愛をこめ、優しく触れているかをよく見ておきなさい。あなた方がこれから触れる貧しい人々の姿の中に見るキリストと、ミサ中のキリストは全く同じなのですよ」。

二人のシスターはカリガートへと出かけ、三時間後に戻ってきました。そして二人のうちのこの修練女は、私の部屋を訪ねてきて、喜びに溢れてこう言ったのです。「マザー、私はこの三時間の間、キリストの御体に触れたのです」。

その顔は心からの深い喜びでかがやいていました。

「何をしてきましたか」と私が尋ねると、彼女はこう答えました。「着くや否や、傷だらけの男性が運ばれてきたんです。ゴミの中から拾われてきた人でした。私は傷の手当てをしました。三時間の間。だから私は三時間キリストの御体に触れていたのです。本当にそれはキリストの御体でした」。この修練女は、昔言われたキリストの言葉は嘘ではなかったことを身をもって体験したのです。「わたしが病気の時、あなたはわたしを看病してくれた」（マタイ25・36）。

◇

「わたしがこれらのことを話したのは、わたしの喜びがあなたたちにあり、あなたたちの心が喜びに満たされるためである」（ヨハネ15・11）

ここで言われている喜びとは、神との一致、神のみ前に生きる喜びのことです。神のみ前に生きている時、私たちの心は喜びに満たされるからなのです。

私が喜びと言う時、それは、大声で笑うこと、馬鹿騒ぎをする状態を意味していません。それらは真の幸せな状態とは異なります。人は、笑いとか馬鹿騒ぎで何かをごまかそうとすることがあるものです。

私にとって幸せというものは、内的な深い平和を意味しています。それは私たちのまなざし、顔、態度、身振り、キビキビした動作とに表わされます。

ある時、一人の司祭と、人間を神から遠ざける人間関係について話したことがあります。司祭は私に心の中を打ち明けてこう言いました。「マザー、私にとってイエスはすべてなのです。ですから私の生活の中には、他のものへの愛情に用いる時間も場所もありません」。

この言葉で、彼が数多くの人々を神のもとに導いていた理由がわかりました。この司祭は、神と一致して生きていたのでした。

一九七六年のこと、メキシコ大統領の招きに応じて、私たちはメキシコ市の郊外に初めての修道院を開設しました。シスターたちが訪ねた市の周辺で人々は極めて貧しい生活を送っていました。しかしながらその人々がシスターたちにいったい何を願ったと思いますか。驚いたことに、それは衣服でも医薬品でも食物でもなく、「シスターたち、どうぞ、私たちに神さまについて語ってください」という願いだったのです。

神は、ご自分を信じる人々に、ご自分がなさった業よりも偉大な業を可能にしてくださいます（ヨハネ14・12）。

シスターたちが、貧しい生活と、ご聖体と、貧しい人々への奉仕を忠実に守り続ける限り、神の愛の宣教者修道会は危険に陥ることはないと、固く信じています。

愛は、キリストご自身がご自分の死で示してくださったように、この世で最も偉大な贈り物なのです。

キリストの復活の喜びを忘れてしまうほどに、あなたの心が悲しみに奪われるようなことがあってはなりません。

私たちは皆、神の楽園に憧れています。でも実は私たちは、今、置かれたところで楽園を味わうことができるのです。今日《こんにち》ただ今、キリストと共にいる幸せが見出せたら、その時、それは可能となるのです。

◇

一人の裕福なブラジル人から手紙をもらいました。そこには、彼が信仰を失った経験――神への信仰ばかりか、人間への信頼も失ってしまった時のこと——が書かれていました。自分が置かれている状況、そして彼を取り巻くすべてのことに愛想を尽かした彼は、自殺することしか念頭にありませんでした。

ある日のこと繁華街を歩いていた彼は、店頭のテレビを見ました。ちょうどカルカッタの「死を待つ人の家」のテレビ番組で、病人や死を間近にした人々の世話をしているシスターたちの姿がそこに映っていました。

その番組を見た途端、彼はひざまずいて祈りたい衝動にかられたのだそうです。もう何年もしたことのなかった行動でした。

そしてその日から、彼は神と人への信仰を取り戻し、そんな彼を、神は今も愛していてくださるという確信を持ったと書かれていました。

神は私たちが小さいことに大きな愛をこめて行うようにと創られました。この私たちが心に抱き、また抱くべき大きな愛はまず家庭において始められねばなりません。それは家族、または通りの向い側や家の両隣りの人々への愛から始まり、やがてすべての人へと及んでゆくものなのです。

イエスは、最後の審判の時の評価基準をはっきり宣言なさいました。私たちは貧しい人々に示した愛によって裁かれるのです。神は「わたしにしてくれた」と、ご自分を貧しい人々と同一視なさるのです（マタイ25・40）。

家庭と家族 *Home and family*

平和も戦争も家庭から始まります。
もし本当に世界平和を願っているなら、
まず自分の家族が
相互に愛し合うことから始めてゆきましょう。
もし、喜びを広げてゆきたいなら、
まず、一つひとつの家族が
喜びをもって生活することが必要なのです。

両親の中には、自分の子どもたちに大きな愛と、優しさで接している人々がいます。

十二人の子どもを持つ一人のインド人のケースです。その末っ子はひどい状態でした。情緒的にも肉体的にも、何とも形容しがたい障害を持っていたのです。

私が、その子と似た条件を持った多くの子どもたちが入所している私たちの施設の一つにその子を入れてはどうかと提案した時、母親は泣き始めて言いました。「マザー、どうぞ、そんなことをおっしゃらないでくださ い。この子は私たちの家族が神からいただいた最大の贈り物なのです。私たちはこの子をこよなく愛しています。もし、あなたがこの子を私たちから連れ去っておしまいになったら、私たちには生きがいがなくなってしまいます」。

◇

私たちは雲の上と言いましょうか、非現実の世界に住んでいてはなりません。私たちのまわりの人々を理解するように懸命の努力を尽くすべきです。そして、共に住む人々をよりよく理解するために、自分自身をまず理解することがどうしても欠かせないのです。

◇

何事につけても私たちのモデルであるイエスは、従順においてもそうです。イエスは、いつもすべてのことでマリアとヨゼフの許可を求めてから生活していらしたに違いないと私は信じています。

◇

ナザレの聖家族――イエス、マリア、ヨゼフ――は私たちに美しい模範を示していてくださいます。何をなさったか考えてみましょう。

ヨゼフは、イエスとマリアに衣服、食物その他生活に必要なものを備えるために働く、平凡な大工でした。

母なるマリアもまた、息子と夫の世話をする平凡な主婦でした。

息子が成長する過程において、マリアはイエスが、いわゆるノーマルな生活が送れるように、ヨゼフと自分と共に家の中で〝くつろぐ〟ことができるよう心を砕きました。

この家族にはかくて、いたわりと理解、そして相互の尊敬が溢れていたのです。

最初に言ったように、聖家族は私たちが見倣《みなら》うべきすばらしい模範です。

⟡

今や、皆が忙しそうにしています。他の人に与える時間がないみたいです。親は子に、子は親に。そして夫婦同士。

世界の平和は、まず家庭の平和から始まります。

⟡

折にふれて、自分の行動の指針としていくつか自問してみてはどうでしよう。例えば、私は貧しい人々を知っているだろうか。食べ物に困ってはいないけれども、貧しい人々が自分のごく身近に、まず家族の中に、家庭の中にいないだろうか、と自らに問いかけるのです。

より内面的なもので、同じように辛い、異なったタイプの貧困がありまず。

夫または妻が求めているもの、私の子どもたちや親たちが求めているものは、もしかすると衣服や食物ではなく、私が与えようとしていない愛なのかも知れないのです！

◇

愛はどこから始まるのでしょうか？

私たちの家庭からです。

いつ始まるのでしょうか？
共に祈る時に始まります。
共に祈っている家族は崩壊することがありません。

自分たちのことしか考えていない親たちの姿を見る時、私はこう自分に言います。「この人たちは、アフリカ、インド、その他開発途上国で飢えている人たちのことを気づかうことができるでしょう。人類が感じている飢えに終止符を打つことができる日を夢見ることもできるでしょう。しかしながら彼らは自分の家庭の中に、同じような貧しさと飢えが実は存在していること、自分の子どもたちのそれに気づかずにいるのだ。更に言えば、利己的な自分たちがそのような飢えと貧しさの原因なのだということにも気づいていない」と。

◇

愛は身近な人——家族——を気づかうところに始まります。

私たちの夫、妻、子どもたち、または親たちが、一緒に住んでいながら、十分に愛されていないと感じ、孤独な生活をしているのではないかと反省してみましょう。

そのことに気づいているでしょうか?

年老いた人々は今日、どこにいるのでしょう?

介護施設（あればの話ですが）の中です。

なぜ?

それは彼らが邪魔だから、厄介者だから、そして……。

徳について *Virtues*

もしも私たちが謙遜ならば、
ほめられようと、けなされようと、
私たちは気にしません。
もし誰かが非難しても、
がっかりすることはありません。
反対に、誰かがほめてくれたとしても、
それで自分が偉くなったように思うことも
ありません。

他人を咎《とが》める資格が私たちにあるのでしょうか。

たしかに正しくないと思うことをしている人たちがいます。でも、なぜそうしているかという理由はわかりません。

イエスは、人を裁くなと言われました。

もしかしたら、他人の誤った行いの責任は、私たちにあるのかも知れないのです。

皆、私たちの兄弟姉妹であることを忘れないでいましょう。あのハンセン病者も、この病気の人も、あの酔っぱらいも、皆、私たちの兄弟姉妹なのです。その人たちも、神によって創られた人たちなのです。

これは、私たちが決して忘れてはいけないことなのです。

あの病人も、このアルコール依存者も、この盗人も、皆、皆、私たちの兄弟姉妹なのです。

誰も彼らに愛と理解の手を差し伸べなかったから、街をうろついているのであって、あなたも私も、他人から愛と理解を受けていなかったら、同じことをしていたかも知れないのです。

一人のアルコール依存症の人が話してくれたことが心に焼きついていまず。自分がアルコールに溺れたのは誰も愛してくれない事実を忘れたくてのことだったということでした。

貧しい人たちを非難する前に、自分の心の中を見つめる義務が私たち一人ひとりにあります。

◇

謙遜は真理であると言われています。

私たちをイエスに似たものとする道は、謙遜の小径なのです。

◇

傲慢さは、すべてをこわしてしまいます。イエスのように生きる秘訣は、心の柔和で謙遜な人になることです。

◇

家族の間に、もう少し多くの愛、一致、平和、そして幸せがあったなら、こんなに多くのアルコール依存者や、麻薬中毒者は生まれなかったことでしょう。

喜びは祈りです。
喜びは力です。
喜びは愛です。
喜びは、私たちが人々の心を〝捕える〟愛の網なのです。

私は、親切にしすぎて間違いを犯すことの方が、親切と無関係に奇跡を行うことより、好きです。

私たちには、平和のために働く義務があります。しかし、平和達成のためには、まず、イエスのような心の柔和さと謙遜さを学ばねばなりません（マタイ11・29）。

謙遜の徳のみが私たちに一致をもたらし、一致のみが平和をもたらすのです。

お互いにイエスに近づいて、謙遜に、しかも明るく生きることを学びましょう。

私はいろいろアレンジして物事をうまくいかせようとは考えていません。というか、そういうことに心を配る暇がないと言った方がいいかも知れません。

皆も、そのことを知っています。

私の考えは間違っているでしょうか？

いずれにせよ、もし過《あやま》ちを犯すとしたら、愛が原因で間違った方がいいと思っています。

マリア *Mary*

聖母マリアは私たちの母であり、喜びの理由です。
私たちの母であるマリアに私はいつも話しかけ、
その存在を身近に感じています。

聖母マリアに、次のように祈ってはどうでしょう。

イエスさまと、その司祭職に参与しているすべての人の母、マリアさま、私たちは、子どもたちがその母親を慕うように、あなたのもとに参ります。

私たちは、もはや子どもの年齢ではありません。でも、心から神の子どもになりたいと祈っている大人なのです。

私たちは弱い人間です。だからこそ、その弱さに打ち克つことができるよう、あなたの母親としての手助けがほしいのです。

どうぞ、私たちもまた祈りの人となれるよう、私たちのためにお祈りください。

私たちが、すべての罪からいつも解き放たれているように御保護をお願いいたします。

あなたの愛のもとにある私たちが、他の人々に思いやり深く、他の人々を許すことができますように、あなたの愛をください。

あなたの愛する御子、私たちの主であり救い主であるイエス・キリストに似るものになれるように、あなたの祝福をお願いいたします。アーメン。

カルカッタを訪問した後、教皇ヨハネ・パウロ二世は、ヴァチカンに、ホームレスの人々、病者と死にかけている人々のため、一つの家を設立する決心をお立てになりました。その家は「マリアからの贈り物《ギフト》」と名づけられます。

聖書をごく注意深く読んで気づくことは、神の母マリアは、長いスピーチをしていらっしゃらないということです。マリアは、神を賛美し神に感謝するために、次の賛歌をうたわれました（ルカ1・46―55）。

私は神をあがめ、
私の心は神の救いに喜びおどる。

神は卑しいはしためを顧みられ、
いつの代の人も　私をしあわせな者と呼ぶ。
神は　私に偉大なわざを行われた。
その名は　とうとく、あわれみは代々、神を
　おそれ敬う人の上に。
神は　その力を現わし、
思いあがる者を打ち砕き、
権力をふるう者を　その座からおろし、
見捨てられた人を高められる。
飢えに苦しむ人は　よいもので満たされ、
おごり暮らす人は　むなしくなって帰る。
神はいつくしみを忘れることなく、
　しもべイスラエルを助けられた。

私たちの祖先、
アブラハムと　その子孫に約束されたように。

私たちの修道会（神の愛の宣教者会）が設立された後、その母院となるべき建物がどうしても必要になりました。それを可能にするため、私は聖母に「メモラレ」という祈りを八万五千回唱えるお約束をしました。

慈悲深き童貞マリア、御保護によりすがりて御助けを求め、あえて御取次を願える者、一人として捨てられしこと、いにしえより今にいたるまで、世に聞こえざるを思い給え。ああ童貞中の童貞なる御母、われこれによりて頼もしく思いて走せ来り、罪人の身をもって、御前になげき奉る。ああみ言葉の御母、わが祈りを軽んじ給わず、御あわれみをたれて、これを聴き給え、これを聴き容れ給え。アーメン。

その頃シスターたちの数はまだ少なかったので、この膨大な数の祈りの約束を果たすには、どうしたらよいかと思案の結果、次のようなアイディアが浮かびました。「ニルマル・ヒリダイ」と「シシュ・ババン」で世話をしている子どもたちと病人に頼もうと。私は彼らに「メモラレ」の祈りを教え、この祈りを一緒に唱える約束をしたのです。

必要な建物が、その後間もなく、手に入ったことは、言うまでもありません。

一九八四年は聖年と呼ばれる年だったので、当時の教皇は、聖ペトロ大寺院の広場で野外ミサをおたてになりました。おびただしい数の群衆が集まり、私たちの修道会のシスターたちもその中に交じっていました。

すると急に雨が降り始めたのです。私はシスターたちに「雨が降り止むように、マリアさまに『メモラレ』の祈りを急いで九回唱えましょう」と言いました。

二回目のメモラレを唱えていた頃には、雨は勢いを増していました。ところが、三回、四回、五回、六回、七回と唱え、八回目を唱えていた頃には、人々は傘を閉じ始めていたのです。

九回目の祈りを終えた頃、唯一、傘をさしていたのは、私たちシスターだけでした。私たちは祈りに熱心なあまり、天気のことを忘れていました。雨はとうに上がっていたのでした。

生と死 *Life and death*

死の瞬間、私たちが裁かれるのは
自分の善業の数によってでもなければ、
一生の間に
手に入れた資格によってでもありません。
私たちは、
どれだけの愛をこめて仕事をしたかによって
裁かれるのです。

カトリック教会に、多くの聖人を与えた私たちの決意を神に委《ゆだ》ねましょう。このように美しい街の中で、老若男女の唯一人として、見捨てられたという思いを抱いたまま死なせたくないという私たちの決意です。

もし、そういう人々がいるとすれば、そしてその事実に気づいたら、神の愛の宣教者修道院の所在を見つけ、そのことを知らせてください。シスターたちは、見捨てられている人は、一人であろうと何人であろうとお世話を必ずしますす。なぜなら、それらの人々は、キリストご自身だと固く信じて、シスターたちは仕事をしているのですから。

⁂

生命は神からの賜物です。胎児の中に、すでに生命が宿っています。人間の手で、生命を奪うことは許されません。

出生以前に生命を絶たれた子どもたちの叫びは、神の耳に届いています。

❖

戦争は人々を殺します。それを正しいことと考えている人がいるでしょうか。

❖

この世でイエスを喜んで迎え、その神の子であることを知った最初の人はまだ母親の胎内にいた胎児の洗礼者ヨハネだったのです。

このことは、すばらしいことです。神が、ご自分の御子、救い主の到来を告げる者として、一人の胎児をお選びになったということです。

自分にできる限りの、最善の努力を尽くさなかった時、失敗したとしても失望することはないでしょう。成功も私たちの力によるものではありません。結果はすべて神に委ねるべきで、私たちは心底から信じてそのような態度を取ることが大切です。

子どもたちを殺さないでください。シスターたちが引き取って育てます。だから私たちの養育院はいつも子どもたちで溢れているのです。

カルカッタでは、こんな笑い話があります。

「マザー・テレサは、いつも、自然の避妊法を行うように説いているのに、マザーのところの子どもたちの数はふえる一方じゃないか」

数カ月前のことですが、カルカッタを見回っていて（私たちが夜も働いていることをご存知でしょう）、街角に捨てられている五、六人の人々を見つけました。死にかけていたので「死を待つ人、捨てられた人の家」に連れて帰りました。

その中の一人に、ほとんど臨終の状態にある小柄な老女がいました。そこで私はシスターたちに、「私がこの人を看取《みと》るから、あなた方は残りの人たちの世話をしてください」と言いました。

ベッドに横たえようとした時、その老女は私の手を取り、美しいほほえみを浮かべました。そして「ありがとう」と一言言って死んだのです。

実に、彼女は私が与えたよりも、ずっと多くのものを私に与えてくれました。感謝に溢れた愛を与えてくれたのです。私は彼女の顔をしばらく見つめながら、ふと考えさせられました。

「もし私が彼女の立場にあったら、私はどうしただろう」と。

そして正直な答えはこうでした。「きっと私は、皆の注意を自分にひきつけようとしたに違いない。そして〝お腹が空いた。喉が渇いて死にそうだ。ああもう死ぬ〟と叫んだことだろう」。ところが彼女はといえば、自分のことなど考えず感謝に溢れていたのです。本当に寛大な心の人でした。

貧しい人々は、私は繰り返し繰り返し言いますが、すばらしい人たちです。

私は自分の心の中に、死にゆく人々の最後のまなざしをいつも留めています。そして私は、この世で役立たずのように見えた人々が、その最も大切な瞬間、死を迎える時に、愛されたと感じながら、この世を去ることができるためなら、何でもしたいと思っているのです。

ゴミの中に横たわって死にかけている一人の女性を見つけ出したことが

あります。腕に抱いて、私たちのホームに連れてきました。

その人は自分が死ぬということを知っていました。そして苦々し気に「息子のせいでこんなことになったんだ」と繰り返し言い続けていました。「お腹が空いて死にそうだ。もう我慢できない」とは言わなかったのです。

彼女のこだわりは、他のこと、つまり息子の仕打ちにありました。彼女が「息子を許す」と言うまで、長くかかりました。でも、とうとう、死の間際にそう言ったのです。

⟡

神の平安のうちに死ぬことが、人間の最期にふさわしいことなのです。私たちの家で今までに亡くなった人のうち、一人として、この世を呪ったり、絶望のうちに死んだ人はいませんでした。皆、心静かに死んでゆきました。

カルカッタの「死を待つ人の家」に一人のホームレスを連れてきた時のことです。

私が傍を離れようとした時、その人はこう言いました。「今まで路上で動物のように暮らしていました。しかし今や私は、天使のような死を迎えようとしています。私は、ほほえみながら死ぬことができます」。

本当に彼は、ほほえみを浮かべて死にました。優しさに包まれ、愛されていることを感じたからなのです。

これが、私たちが世話をしている貧しい人たちが持っている偉大さなのです。

ほほえみ *Smiles*

平和は　ほほえみから始まります。

苦しみが私たちの生活に訪れてくる時、ほほえみをもって受け入れましょう。神が送り給うすべて、求め給うすべてをほほえみながら受け入れる勇気は、神からの最も偉大な賜物といえます。

◈

悲しみに暮れている人に、ほほえみかけ、短時間でも、淋しい人を訪れて慰《なぐさ》め、雨にぬれている人に傘をさしかけ、目の不自由な人の代わりに読んであげること、こういうことは皆、小さい、本当に小さいことです。でもこのような貧しい人々への具体的な行為こそが、私たちの神に対する愛の表われなのです。

何でもないほほえみが及ぼす効果には、計り知れないものがあります。

一緒に住んでいたり、または血のつながった親族といった人たちにほほえみかけることは、あまり親しくない人々に対してほほえみかけるよりむずかしい時があるものです。「愛は近きより」ということを忘れないようにしましょう。

何年か前のことですが、ある教師のグループがアメリカからカルカッタに来た時のことです。カリガートにある「死を待つ人の家」を訪問した後、私に会いに来ました。

帰る前に、一人の教師がその日の訪問の記念として、何か日々の生活に役立つことを話してほしいと言いました。

「お互いにほほえみ合いましょう。奥さんたちにほほえみかけてください」

(私たちは何でも早く片付けることばかり考えて、お互い同士見つめ合い、ほほえむ時間さえも惜しんでいるように私には思えたのです)

すると一人が言いました。「マザー、あなたは結婚していらっしゃらないから、おわかりになっていないのです」。

「いいえ、私も結婚しているのですよ」と私は言い返しました。「イエスさまが私の手に余るたくさんのことをおさせになる時には、私もイエスさまにほほえむのがむずかしく思える時があるのですよ」。

お金 *Money*

私の恐れているものは、ただ一つ。
お金です。
お金への執着、金銭欲こそは、ユダをして
イエスを裏切らせる動機となったのです。

執着心から、捨てられないものの何と多いことでしょう。
すべてをイエスに差し出すためには、所有物は少ない方がよいのです。

✧

教皇パウロ六世がくださった一台の車を、ボンベイで、くじの賞品にさせてもらい、集まったお金でハンセン病者のための大きなセンターを建て、それを「平和の街」と名づけました。

ヨハネ二十三世賞でいただいたお金で、もう一つのリハビリテーション・センターをつくり、それには「平和からの贈り物」と名づけました。

ノーベル平和賞でいただいたお金では、貧しい人たちのために、いくつかのホームを建てました。というのも私はこの賞を、貧しい人々の名においてのみ受けたのですから。

◇

男女を問わず、自分のお金をいかに貯めるかで悩んでいる人々は、真の貧者です。もし自分の手許にあるお金を他人に与えようとするなら、その時、その人は富者、真の意味で豊かな人となれるのです。

◇

お金を恵むだけで満足しないようにしましょう。お金がすべてではありません。お金は手に入れようと思えば手に入れられるものです。

貧しい人々は、私たちが身をもって示す愛、私たちの心の表われとしての愛を求めているのです。

愛——溢れる愛こそは、キリスト教を表わすものと言ってよいでしょう。

⟡

きわめて安楽な生活、ぜいたくな生活のできる人々がいます。それは、彼らが努力した結果手に入れた特権と言えるでしょう。

私が怒りを覚えるのは、無駄使いです。

まだ使えるものを捨てたり、または無駄にしているのを見ると、怒りを覚えます。

苦しみ *Suffering*

苦しみそのものには価値はありません。
キリストと、
その受難を分かち合えるものとなった時、
私たちの苦しみは、
この世で最も尊い賜物になるのです。

「貧しい人々はすばらしい人々だ」と何度言っても飽きることはありません。彼らはとても親切です。人間の偉大な尊厳を示してくれます。私たちが与える以上のものを、私たちに与えてくれる人たちです。

カルカッタ以外の多くの国にも、私たちの修道会はホスピスを経営し、極貧にあえぐ人たちのためのホームを持っています。ある日のこと、カルカッタの街で飢え死にしかかっているかに見えた一人の老女を見つけました。そこでご飯を茶わんに一杯差し出したところ、老女はそのご飯をまるで夢見るようなまなざしで見つめているのです。

「お食べなさい」とすすめる私に、こう答えるばかりでした。「ダメです……これが、ご飯だなんて信じられない。長いこと何も口にしていないんです」。

老女は誰を呪うことなく、富む人々についての不平不満も口にしませんでした。

彼女の口から、人を責める言葉は一言も発せられなかったのです。彼女はただ、差し出されたものがご飯であることが信じられず、もはや食べる力もなかったのでした。

◇

どこの家族の中にも、どの人間の集まりの中にも、誰か苦しんでいる人がいます。

◇

私たちは人間を、動物のように溝の中で死なせてはならないのです。

◇

街を放心したようにうろついている一人の少女を見つけた時のことです。お腹が空いていることは一目瞭然でした。それこそ、この少女が食べ物を口にしたのはいつのことだったかわからないほどに。

パンを一切れ差し出したところ、少女はパンを細かく、かけらにちぎり、小さく小さくして食べ始めるのです。「そのままお食べなさい。遠慮せずに。お腹が空いているのでしょう」と私は言いました。すると少女は私を見つめて、「でも、このパンを食べてしまった時、まだ、ひもじいに決まっているんだもの」と答えるのでした。

あなたのごく近くに、愛情と優しさに飢えている人々が、きっといます。どうぞその人たちを見捨てないでください。彼らに人間としての尊厳を認め、あなたにとって大切な人たちなのだと、真心こめて認めてやってください。

あなたからの愛と優しさに飢えている人とは誰なのでしょう。

イエスご自身に他ならないのです。苦しんでいる人の姿のもとにましまず、イエスご自身なのです。

いつでしたか、ニューヨークにいた時、私たちの施設にいる一人のエイズ患者が私を呼びとめました。彼のベッドの傍に行くと彼はこう言いました。

「あなたは私の友達だから打ち明けるのですが、頭痛がしてたまらない時（ご存知のように、エイズの一つの特徴はひどい頭痛なのです）私は、茨《いばら》の冠をかぶせられた時のイエスの苦しみを思うのです。痛みが背中に移動した時には、兵士たちが鞭《むち》打った時のイエスの痛み、そして私の手に痛みが走る時には、十字架に釘付けられた時のイエスの痛みを思うことにしています」

これこそは、真の愛の偉大さの証《あかし》です。エイズの結果として苦しんでいる一人の若者が示した偉大な愛の証でした。

彼は自分に癒《いえ》る見込みはなく、生命の終わりが近づいていることを知っていました。しかし、彼はそのことを並々ならない勇気をもって受け入れていたのです。

その勇気を、彼は、自分の苦しみをイエスと分かち合う愛において見出したのでした。

彼の顔には苦しみとか不安の影はなく、むしろ、大きな平安と深い喜びが漂っていました。

◇

苦しみのない人生など決してあり得ません。信仰をもってその苦しみを受け入れる時、それは、イエスの受難に与《あずか》り、彼への愛を示す機会となるのです。

ある日のこと、癌も末期で、それはひどい痛みに苦しんでいる女性を訪問した時のことです。

「この痛みはイエスの接吻なのですよ。あなたは今、十字架にかかっているイエスが接吻できるほどそのごく近くにいるのですよ」と、私は語りかけました。

すると彼女は手を合わせ、「マザー、イエスさまに、接吻し続けてくださるよう祈ってくださいね」と言いました。

イエスの受難は今も続いています。カルワリオ（イエスが死んだ丘の名前）への道中で倒れたと同じように、イエスは今も貧しい人の姿、飢えている人の姿で倒れ続けているのです。

私たちは果たして、自分の傍に倒れているイエスを助けようとしているでしょうか。パン――本物のパン――一片を私たちの捧げ物として、弱さから立ち上がろうとしているイエスを助けようとその傍を歩いているでしょうか。

キリストに、その苦しみを分けてくださいとたびたび願っています。しかしながら、誰かが無関心な態度を示したような時、実は、その時こそ、キリストが同じ扱いを受けた時の態度でそれを受けるべき瞬間なのに、そのことを忘れてしまうのです。

修道会が創設された時、私は高熱にうなされる日々が続きました。ある日のこと、もうろうとした意識の中で、私は天国の門に立っているペトロと向い合っていました。彼は私に「あいにく、天国には、むさ苦しい小屋はないんだよ」と言って入れてくれようとしないのです。

私は怒って言いました。「いいですとも。私は天国をスラム街の人々でいっぱいにしてしまいますから。その時、あなたはどうしても私を天国に入れざるを得なくなるでしょう」。

かわいそうなペトロ！　それからというもの、私たちの修道会員は、シスターもブラザーも、休む暇を与えないほどペトロを忙しくさせています。ペトロの役は、天国の門に立っているだけになりました。なぜなら、私たちが世話をしている貧しい人々は、その耐え忍んだ苦しみによって、もうすっかり天国での場所が確保されているからです。

貧しい人々は死んだ時、ペトロに見せる天国への入場券を持ってさえいればいいのです。私たちのもとで死んでいった何千何万という人々は、ペトロに見せる切符を喜々としてもらってゆきました。

◇

ある雑誌が私のことを、「生きている聖人」と評していたと私に告げた人々がいます。

私の中に神を見た人々がいるとしたら、私は幸せです。

私はすべての人、特に苦しんでいる人々の中に、神を見ています。

◇

貧しい人たちの傍に行く時に、不機嫌な顔をして行ってはいけないと、シスターたちに言い渡してあります。一度、一人のシスターが悲し気な面もちで、足をひきずりながら廊下を歩いていました。

私はそのシスターを部屋に呼んで尋ねました。「イエスは何とおっしゃいましたか。イエスの前を歩くようにとでしたか。それとも彼の後に続くようにとでしたか」。

十字架は美しく飾り立てられた部屋の中にはなく、カルワリオにしか存在しません。

イエスに属していたいと願う者は、喜びをもって彼と共に歩いていなくてはならないのです。それがどんなに苦しかろうとも、イエスと苦しみを分かち合わなくてはならないのです。

淋しさ *Loneliness*

先進国にも、一つの貧しさがあります。
それは、お互い同士、
心を許していない貧しさ、精神的貧困、淋しさ、
愛の欠如からくる貧しさと言っていいでしょう。
愛の欠如こそ、
今日の世界における最悪の病です。

貧しさにはいろいろあります。経済的にはうまくいっているように思われる国にさえも、奥深いところに隠された貧しさがあるのです。それは見捨てられた人々や苦しんでいる人々が抱えている極めて強烈な淋しさです。

私が思うのに、この世で一番大きな苦しみは一人ぼっちで、誰からも必要とされず、愛されていない人々の苦しみです。

また、温かい真の人間同士のつながりとはどういうものかも忘れてしまい、家族や友人を持たないが故に愛されることの意味さえ忘れてしまった人の苦しみであって、これはこの世で最大の苦しみと言えるでしょう。

私たちこそは、兄弟姉妹と考えるべき人々を排斥したり、拒否したりすることで、その人たちをアルコールへ逃避させ、依存症にまで追いつめている張本人なのです。彼らは飲むことによって、人生の惨めさを忘れようとしているのですから。

◇

私たちの修道会のシスターたちは、すでに、世界の各地で働いていよす。最近のことですが、おかしなことがニューヨークで起こりました。

シスターたちは、一人の女性が、いつかはわからないが、とにかく亡くなったという報《しら》せを受けました。

他に方法がなく、ドアをこわして中に入りました。

何を見たとお思いですか。そこでは、ねずみたちがすでに死体を食べ始めていました。シスターたちは、この女性の身許《みもと》を調べようとしたのですが、どこかで働いていた人なのか、誰かの娘なのか、母親なのか、妻なのか、皆目、見当がつきませんでした。

住んでいたアパートの番地以外、この女性について何もわからなかったのです。向い側の住人たちも何も知っていませんでした。

何という貧しさの極みでしょう。

その女性が感じていただろう淋しさ、気後れ、他人にとって自分は邪魔者でしかなく、軽蔑されているという思い。彼女には人間の尊厳のかけらも与えられていなかったのです。

英国で老人たちのためのよく整備されたホームを訪問した時のことを、はっきり覚えています。

すばらしい建物でした。四十名が入居していて、そこには何もかもが備えられていました。

その時のことをはっきり覚えている、ともう一度言います。そこの住人は一人残らず、ドアの方を気にしていました。その顔には笑顔というものがありませんでした。

そのホームはある修道会が運営しているものでした。

働いているシスターに私は「シスター、どうして誰も笑顔ではないのですか。どうして皆、ドアの方ばかりいつも見ているのですか」と尋ねました。

「いつもそうなんですよ。訪ねてくる人を待っているのです。息子か娘、家族の誰か、友人がドアを開けて訪ねてこないかと夢みているのですよ」

というのが答えでした。

顔に表われた淋しさは、この老人たちの貧しさ、親族からも友人からも見捨てられた貧しさの表われだったのです。誰も訪ねてきてくれないことは、老いた人々にとって一番耐えがたい貧しさなのです。

社会的に疎外され、感情的にも人々から疎《うと》んぜられている人々を周囲に見出す時、私はキリストが、ご自分自身が疎外されて悲しんでいらっしゃるように思えて仕方がありません。

貧しい人々が疎外されて淋しい思いをしている時、キリストも同じ淋しさを味わっておられるのです。

❖

年老いた人々は、自分たちの話に耳を傾けてくれる人々を求めています。老人の話を聞くことを主な仕事にしている共働者たちのグループがいくつかあります。

この人々は一般的な家庭、特に老いた人々の家を訪ね、その傍に腰掛け、話に耳を傾け、満足のいくまでいくらでも話させるのです。

繰り返し申しますが、他の人にしたらたわいもないことでしかないのですが、年寄り自身にとっては大切な昔の物語を聞いてもらうことが、大きな喜びなのです。

聞いてくれる人を持たない人の話を聞いてあげるのは、すばらしいことです。

神とキリスト教

God and christianity

神さまだけが、私たちの真の必要をご存知です。

多くの街の本当に貧しい界わいに私たちが住み、働いていて、みすぼらしい小屋に住んでいる人々と親しくなった時に、驚いたことがあります。それは、彼らが、飢えで死にかけていたり、裸で着るものがない時でさえも、彼らが第一に求めるのは、パンや衣服ではないということです。何と、彼らは、神のみ言葉、キリストについて教えてくださいと頼むのです。

人々は神を求めています。そのみ言葉を聞きたいと切望しているのです。

ご聖体の何たるかを理解し、ご聖体を私たちの生活の中心とし、ご聖体を私たちの心身の糧《かて》としているなら、貧しい人々の中にキリストを見出し、彼らをキリストとして愛し、彼らに仕えることはむずかしいことではありません。

◇

聖体拝領*は単に、私たちがキリストの体をいただく以上のことを意味しています。それは、キリストの飢えを満たしているのです。

キリストは招いていらっしゃいます。「わたしのもとに来なさい」。

キリストは、魂に飢え渇いていらっしゃいます。

聖書のどこを探しても、キリストが私たちを拒絶なさった言葉は見出せません。その反対にいつも「わたしのところへ来なさい」とキリストはおっしゃっているのです。

ガンジーは、キリストのことを知った時、興味を抱きました。しかし、キリスト信者たちに会って、がっかりしたそうです。

◇

カルカッタだけでも、私たちは一万人に食物を施《ほどこ》しています。ということは、私たちが一日ご飯を作らないと、一万人が食事をしないということになります。

ある日、係のシスターが来て、「マザー、もう何も残っていません。あのように多くの人々に食べさせる食糧がなくなってしまいました」と言いました。

私から、力が抜けてゆきました。そんなことは今までになかったのです。

朝の九時頃だったでしょうか。パンを満載したトラックがやってきました。政府は、貧しい家から来る子どもたちに、毎日パン一片とミルク一杯を給付することになっています。

なぜか、その日、街の学校はお休みになったのです。

そこで、予定されていたパンがマザー・テレサのところへまわってきたという訳だったのです。

神さまが、その日学校を休みにさせたとしか思えないではありませんか。神さまは、私たちが養っている人々の空腹を放っておけなかったのです。その人々は今までにない上等なパンにありつき、しかも、お腹いっぱいになるまで食べました。

毎日与えられるパンも、こうして神の優しさを証明するものなのです。

⁂

ヒンズー教の信徒の男性が、カリガートにある私たちの「死を待つ人の家」を訪れた時、私は一人の病人の傷の手当てをしていました。黙って私の仕事をしばらく見た後、その人は言いました。「あなたにそういう仕事をする力を授ける宗教は、本物に違いない」。

⁂

私たちは皆、呼ばれたところで神に仕える義務を負っています。私の使命は一人ひとりに個人として仕え、一人ひとりを人間として愛することだと思っています。私は施設を批判するために今の仕事をしているのではありません。誰を非難する資格も持っていないのです。私の頭の中には、群衆としての人間は存在せず、一人ひとりの人間としてのみ存在しているのです。

もし群衆として人々を見ていたとしたら、今しているこの仕事は始めなかったことでしょう。

私は、一対一のパーソナルな触れ合いが大切だと信じています。

もし、社会機構の変革を神が望んでいると確信する人々がいれば、それは、その人たちが、そのように神に持ちかけていったらよいことなのです。

キリスト者であるためには、キリストに似た者でなければならないと、私は固く信じています。

ガンジーがかつてこう言いました。「もしもキリスト信者たちが、その信仰に忠実に生きていたら、インドにはヒンズー教を信じる者たちは一人もいなくなってしまっただろう」と。

人々は、私たちがキリスト信者らしく生きることを期待しているのです。

キリストはご自身を生命のパンにお変えになりました。そうすることによって、私たちのなすがままになり、そのパンに養われた私たちが、今度は自分自身を他人に与えることに必要な力を得るのです。


神は、許しを惜しまない御父です。

神の憐れみは、私たちの罪よりも大きいのです。

神は私たちの罪を許してくださいます――でも、私たちは罪を繰り返し犯さないように努力しましょう。

キリストに近づこうとしている人たちにとって、キリスト信者たちが最悪の障害物になっていることがよくあります。言葉でだけきれいなことを言って、自分は実行していないことがあるからです。人々がキリストを信じようとしない一番の原因はそこにあります。

◇

教会は、昨日も今日も明日も不変です。

使徒たちもまた、恐怖に脅えたり、不信に陥ったり、落ちこんだ日もあれば、失敗もしました。にもかかわらず、キリストは彼らを叱らず、ただ次のように仰《おお》せになりました。

「なぜ脅えているのか。どうして心に疑いを抱くのか」(ルカ24・38)

このイエスの優しい言葉は、今日《こんにち》、私たちが持っている恐怖心に対しても当てはまります。

◇

私の国で重要な公職についている人が、私に尋ねたことがあります。

「マザー・テレサ。私のために祈っているとおっしゃいましたね。正直なところをお聞かせください。私がキリスト信者になることを願っていらっしゃるのではありませんか」

私は答えました。

「人は、自分がとても大切にしているものを持っていれば、自分の友人と、それを分かち合いたいと願うものです。私はキリストへの信仰を、この世で持ち得る最高の宝と信じています。私がキリストを愛しているほどに、皆もキリストを知り、愛してくれたらと願っています。あなたについても同じことを願っています。しかし、信仰は神からの賜物で、神が与えたいとお選びになった人にお与えになるものなのです」

使命

Our mission

わたしが飢えていた時に食べさせてくれ、
わたしが見知らない者であったのに、
喜んで迎え入れてくれ、裸の時に着せてくれ、
病気の時に介抱してくれた（マタイ25・35―36）。
私たちの仕事の土台は、
このイエスの言葉なのです。

私たちは外で食事をするように誘われても決してお受けしません。その理由をお聞きになりたいですか。もし、そういう招待を受諾したならば、私たちは自分たちがしていることに報酬をもらっているような印象を与えかねないからです。私たちはすべてを無報酬で行っています。

「すべてはイエスのため、貧しい人々への愛のためにするのです」と私は絶えず言っています。私たちが修道院以外のところで食事をしないのは、貧しい人々への配慮なのです。

水一杯いただきません。本当に何も。

〝でも、どうして……〟

他の説明は不要です。とにかくそれが私たちの生き方で、それで十分なのです。

私の勇気をほめてくださる人々に申しあげたいのは、私が、ハンセン病者の体に触れ、言いようのない悪臭を放つうみの流れる体に触れるたびに、*聖体でいただくキリストと同じキリストの体に触れているのだとの確信なしには、私にはその勇気はあり得ないということです。

✤

私たちにとって、清貧とは自由を意味しています。全き自由です。神の愛の宣教者たちが所有しているものは、財産としてではなく、使用しているものとしてのみあるのです。

✤

身にまとっているサリーも私たちのものではありません。使っているだけです。足に履いているサンダルも同様です。使っているだけなのです。清貧こそは私たちの力であり、幸福の源なのです。

裕福な家庭に生まれ育った一人の若い女性のすばらしい例をご紹介しましょう。その人の手紙にはこう書いてありました。「ここ数年来、私は、修道生活を送るようにとのイエスからの呼びかけを受けていました。どの修道会に入会すべきかを見出すために、いくつかの修道院を訪ねてみました。しかし、今までに訪れた修道院には、私が持っているものが備わっていました。ですから、もしそれらの会に入会したとしたら、私には棄てるものがなかったのです」。

この若いレディーは、すべてを棄てて、主の召し出しに応えたかったことがおわかりでしょう。この人は、貧しい人々の中にいるイエスによりよく仕えるために自由になりたかったのです。

私が死んだ後、神が私よりもっと無知で無能な人をお見つけになったら、その人を通して、より偉大なことをなさることでしょう。なぜなら、今私がしていることは、神がしていらっしゃることなのですから。

⁂

神の愛の宣教者の男子修道会が創立された時、一人の修道士が私のところに来て言いました。「マザー、私はハンセン病者のところで働く特別な召し出しを持っています。私の生涯、私のすべてを彼らのために捧げたいのです。それ以上に私の心を魅《ひ》くものはありません」。

⁂

私は、この修道士が、ハンセン病を病む人々を心から愛していると知りました。

しかし、私は答えて言いました。「ブラザー、あなたはどこか間違っていませんか。私たちの召命は、キリストに属するものとなることなのですよ。仕事は、キリストへの愛を表わす手段でしかありません。だから仕事そのものはそれほど大切ではないのです。大切なのは、あなたが、キリストのものとなることで、キリストこそは、あなたがキリストのものであることを示す手段を提示してくださるお方なのです」。

⁂

私がノーベル賞をいただいた理由は、貧しい人たちのために働いたからです。しかしながら、この賞は、賞そのもの以上の効果をあげました。事実、世界中の人々に貧しい人々への関心を呼びさましました。彼らが私たちの兄弟姉妹であること、彼らに愛をもって接する義務を皆が持っていることへの自覚を促すものとなったのでした。

貧しい人々の中でも最も貧しい人たちに物質的、精神的援助の手を差し伸べる特別な課題を私たちは負っています。スラムにいる人たちだけでなく、世界のどこにでもいる貧しい人々に対してです。

この課題を果たすために、私たちは福音に述べられている謙虚で簡素さを特徴とした生活を送り、祈りと労働のうちに神への愛を深めてゆかねばなりません。また、聖体*の中にましますイエスを愛し、それが物質的なものであれ、精神的なものであれ、貧しい人々の中の最も貧しい人の惨めな姿の中に隠れているイエスを愛し、イエスに仕えることでその課題を果たしてゆくのです。これら貧しい人々の中に、神の似姿を認識する（そして取り戻してあげる）ことによって果たしてゆくのです。

✧

私たちの清貧の一つの表われは、繕《つくろ》い物に出ているといってもよいでしょう。破れた時はできるだけ上手に繕います。街や修道院のまわりを破れたサリーをそのまま着て歩きまわることは、清貧の徳の証《あかし》にはなりません。

「私たちの清貧の誓いは、キリストの貧しさに倣《なら》うためで、物乞いをする人の貧しさに倣うために立てたのではありません」と常々シスターたちに話しています。しかし、同時に、私たちは自分たちの体が、聖霊の神殿だということを忘れてはいけないのです。それ故に私たちは、恥ずかしくないようにきちんと繕われた衣服を身につけて体への尊敬を表わすのです。

◇

神の愛の宣教者たちは、貧しい人々に助けの手を伸べるたびに、キリストに手を差し伸べていると、固く信じています。

私たちは、いつも喜びをもってそうしています。なぜなら、貧しい人の姿をしていらっしゃるとはいえ、キリストのところに、暗い顔つきで行くことはできないからです。

貧しい人たちはもう十分に悲しみを味わっているのだから、その人々をいっそう惨めな思いにひたらせることのないように、喜びをもって接しなさいとシスターたちに言いきかせています。

飢えているキリストに食事をさせ、裸のキリストに衣服を与え、ホームレスのキリストの世話をするために私たちはいるのです。しかも、喜びに溢れ、ほほえみを浮かべながら。

このような愛をもってキリストの貧しい人々への奉仕に自らを捧げつくしているシスターたち——その大部分は、まだごく若い人たちです——の姿は、本当に美しいと言わねばなりません。

もしも私たちの仕事が、ただ単に病人の体を潔《きよ》め、彼らに食事を食べさせ、薬を与えるだけのものだったとしたら、センターは、とっくの昔に閉鎖されていたことでしょう。私たちのセンターで一番大切なことは、一人ひとりの魂と接する機会が与えられているということなのです。

〈注〉

聖体

カトリック教会で、ミサと呼ばれる礼拝行為の中で聖別されたパンとぶどう酒を聖体と呼ぶ。これは、イエス・キリストが受難前夜の最後の晩さんで、パンを自分の体、ぶどう酒を自分の血と宣言し、このことを記念として弟子たちに行うよう命じたことに由来する。

聖体拝領

聖体をミサ中に、カトリック信者が食することをいう。

真福八端《しんぷくはったん》

「幸いなるかな、心の貧しい人」で始まる八つの幸福を指し、キリストの山上の説教（マタイ5・1―12）の中の主要な部分。

日本の「神の愛の宣教者会」の住所と連絡先

神の愛の宣教者会　女子修道院

〈東京〉　〒123-0841　東京都足立区西新井本町3—5—24

TEL　03—3898—3866

〈名古屋〉〒497-0011　愛知県海部郡七宝町大字安松1—15

TEL　052—441—5141

〈大分〉　〒874-0947　大分県別府市大字浜脇330—7—1

TEL　0977—21—7044

神の愛の宣教者会　男子修道院

〈東京〉　〒111-0021　東京都台東区日本堤2—2—14

TEL　03—3876—2864

マザー・テレサ
1910年８月27日、旧ユーゴスラビアのスコピエに生まれる（詳細は本文「マザー・テレサについて」を参照）。日本へは1981年の初来日を含めて３度訪れている。1997年９月５日逝去。

編者紹介
ホセ・ルイス・ゴンザレス－バラド
1969年以来、マザー・テレサがつくった「神の愛の宣教者会」の熱心な支持者としてその活動に貢献している。マドリッド在住のスペイン人ジャーナリスト。

訳者紹介
渡辺和子（わたなべ　かずこ）
昭和２年２月、教育総監・渡辺錠太郎の次女として旭川市に生まれる。昭和26年、聖心女子大学を経て同29年、上智大学大学院修了。昭和31年、ノートルダム修道会に入りアメリカに派遣されて、ボストン・カレッジ大学院に学ぶ。昭和49年、岡山県文化賞（学術部門）、昭和54年、山陽新聞賞（教育功労）、昭和54年、岡山県社会福祉協議会より済世賞、昭和61年、ソロプチミスト日本財団より千嘉代子賞、平成元年、三木記念賞受賞。ノートルダム清心女子大学（岡山）教授を経て、平成２年３月まで同大学学長。現在、ノートルダム清心学園理事長。
著書に『美しい人に』『愛をこめて生きる』『愛することは許されること』『目に見えないけれど大切なもの』（以上、ＰＨＰ研究所）、『渡辺和子著作集Ｉ～Ｖ』（山陽新聞社）他多数がある。

この作品は、1997年２月にＰＨＰ研究所より刊行された。

PHP文庫　マザー・テレサ　愛と祈りのことば

2000年9月18日　第1版第1刷
2024年2月15日　第1版第37刷

編　者　ホセ・ルイス・ゴンザレス-バラド
訳　者　渡辺和子
発行者　永田貴之
発行所　株式会社ＰＨＰ研究所
東京本部　〒135-8137 江東区豊洲5-6-52
ビジネス・教養出版部　☎03-3520-9617(編集)
普及部　☎03-3520-9630(販売)
京都本部　〒601-8411 京都市南区西九条北ノ内町11
PHP INTERFACE　https://www.php.co.jp/
制作協力
組　版　株式会社PHPエディターズ・グループ
印刷所
製本所　TOPPAN株式会社

ISBN978-4-569-57455-4

PHP文庫

マザー・テレサ 愛の花束

身近な小さなことに誠実に、親切に

中井俊已 著

大切なのは、身近にある小さなことに、誠実に親切になること。マザーに学び、自分も誰かに愛を与えることができる勇気がわいてくる本。